MW00879851

TODAY I AM FOCUSED ON

AFFIRMATIONS

- · I CAN
- · I AM
- · I WILL

I AM GRATEFUL FOR

- -

            HOW I FELT TODAY   A FEW NOTES

O HAPPY   O NEUTRAL
O CONTENT   O SAD
O JOYFUL   O ANGRY
O CREATIVE   O ANXIOUS
O LOVING   O DISAPPOINTED
O RELAXED   O STRESSED
O BALANCED   O OVERWHELMED
O _____   O _____

THE BEST PART OF MY DAY WAS

WRITE DOWN SOMETHING

- · GOOD
- · TRUE
- · BEAUTIFUL

TODAY I AM FOCUSED ON

AFFIRMATIONS

· I CAN
· I AM
· I WILL

I AM GRATEFUL FOR

        HOW I FELT TODAY

| | | A FEW NOTES |

O HAPPY   O NEUTRAL
O CONTENT   O SAD
O JOYFUL   O ANGRY
O CREATIVE   O ANXIOUS
O LOVING   O DISAPPOINTED
O RELAXED   O STRESSED
O BALANCED   O OVERWHELMED
O _____   O _____

THE BEST PART OF MY DAY WAS

WRITE DOWN SOMETHING

· GOOD
· TRUE
· BEAUTIFUL

TODAY I AM FOCUSED ON

AFFIRMATIONS

· I CAN
· I AM
· I WILL

I AM GRATEFUL FOR

- -

 HOW I FELT TODAY

		A FEW NOTES
○ HAPPY	○ NEUTRAL	
○ CONTENT	○ SAD	
○ JOYFUL	○ ANGRY	
○ CREATIVE	○ ANXIOUS	
○ LOVING	○ DISAPPOINTED	
○ RELAXED	○ STRESSED	
○ BALANCED	○ OVERWHELMED	
○ _____	○ _____	

THE BEST PART OF MY DAY WAS

WRITE DOWN SOMETHING

· GOOD
· TRUE
· BEAUTIFUL

/ / 20..... S M T W T F S

 TODAY I AM FOCUSED ON

AFFIRMATIONS

· I CAN
· I AM
· I WILL

I AM GRATEFUL FOR

- -

 HOW I FELT TODAY

A FEW NOTES

○ HAPPY   ○ NEUTRAL
○ CONTENT   ○ SAD
○ JOYFUL   ○ ANGRY
○ CREATIVE   ○ ANXIOUS
○ LOVING   ○ DISAPPOINTED
○ RELAXED   ○ STRESSED
○ BALANCED   ○ OVERWHELMED
○ _____   ○ _____

THE BEST PART OF MY DAY WAS

WRITE DOWN SOMETHING

· GOOD
· TRUE
· BEAUTIFUL

/ /20..... S M T W T F S

 TODAY I AM FOCUSED ON

AFFIRMATIONS

· I CAN
· I AM
· I WILL

I AM GRATEFUL FOR

 HOW I FELT TODAY

A FEW NOTES

O HAPPY   O NEUTRAL
O CONTENT   O SAD
O JOYFUL   O ANGRY
O CREATIVE   O ANXIOUS
O LOVING   O DISAPPOINTED
O RELAXED   O STRESSED
O BALANCED   O OVERWHELMED
O _____   O _____

THE BEST PART OF MY DAY WAS

WRITE DOWN SOMETHING

· GOOD
· TRUE
· BEAUTIFUL

TODAY I AM FOCUSED ON

AFFIRMATIONS

· I CAN
· I AM
· I WILL

I AM GRATEFUL FOR

 HOW I FELT TODAY

A FEW NOTES

○ HAPPY   ○ NEUTRAL
○ CONTENT   ○ SAD
○ JOYFUL   ○ ANGRY
○ CREATIVE   ○ ANXIOUS
○ LOVING   ○ DISAPPOINTED
○ RELAXED   ○ STRESSED
○ BALANCED   ○ OVERWHELMED
○ _____   ○ _____

THE BEST PART OF MY DAY WAS

WRITE DOWN SOMETHING

· GOOD
· TRUE
· BEAUTIFUL

TODAY I AM FOCUSED ON

AFFIRMATIONS

- I CAN
- I AM
- I WILL

I AM GRATEFUL FOR

- -

 HOW I FELT TODAY

		A FEW NOTES
O HAPPY	O NEUTRAL	
O CONTENT	O SAD	
O JOYFUL	O ANGRY	
O CREATIVE	O ANXIOUS	
O LOVING	O DISAPPOINTED	
O RELAXED	O STRESSED	
O BALANCED	O OVERWHELMED	
O _____	O _____	

THE BEST PART OF MY DAY WAS

WRITE DOWN SOMETHING

- GOOD
- TRUE
- BEAUTIFUL

/ / 20..... 　　　S M T W T F S

 TODAY I AM FOCUSED ON

AFFIRMATIONS

- I CAN
- I AM
- I WILL

I AM GRATEFUL FOR

- -

 HOW I FELT TODAY

○ HAPPY 　　　 ○ NEUTRAL
○ CONTENT 　　 ○ SAD
○ JOYFUL 　　　 ○ ANGRY
○ CREATIVE 　　 ○ ANXIOUS
○ LOVING 　　　 ○ DISAPPOINTED
○ RELAXED 　　 ○ STRESSED
○ BALANCED 　　○ OVERWHELMED
○ _____ 　 ○ _____

A FEW NOTES

THE BEST PART OF MY DAY WAS

WRITE DOWN SOMETHING

- GOOD
- TRUE
- BEAUTIFUL

/ / 20.....   S M T W T F S

TODAY I AM FOCUSED ON

AFFIRMATIONS

- · I CAN
- · I AM
- · I WILL

I AM GRATEFUL FOR

HOW I FELT TODAY

A FEW NOTES

O HAPPY   O NEUTRAL
O CONTENT   O SAD
O JOYFUL   O ANGRY
O CREATIVE   O ANXIOUS
O LOVING   O DISAPPOINTED
O RELAXED   O STRESSED
O BALANCED   O OVERWHELMED
O _____   O _____

THE BEST PART OF MY DAY WAS

WRITE DOWN SOMETHING

- · GOOD
- · TRUE
- · BEAUTIFUL

/ /20..... S M T W T F S

TODAY I AM FOCUSED ON

AFFIRMATIONS

- · I CAN
- · I AM
- · I WILL

I AM GRATEFUL FOR

HOW I FELT TODAY

A FEW NOTES

O HAPPY   O NEUTRAL
O CONTENT   O SAD
O JOYFUL   O ANGRY
O CREATIVE   O ANXIOUS
O LOVING   O DISAPPOINTED
O RELAXED   O STRESSED
O BALANCED   O OVERWHELMED
O _____   O _____

THE BEST PART OF MY DAY WAS

WRITE DOWN SOMETHING

- · GOOD
- · TRUE
- · BEAUTIFUL

/ / 20.....

TODAY I AM FOCUSED ON

AFFIRMATIONS

- · I CAN
- · I AM
- · I WILL

I AM GRATEFUL FOR

HOW I FELT TODAY

O HAPPY	O NEUTRAL
O CONTENT	O SAD
O JOYFUL	O ANGRY
O CREATIVE	O ANXIOUS
O LOVING	O DISAPPOINTED
O RELAXED	O STRESSED
O BALANCED	O OVERWHELMED
O _____	O _____

A FEW NOTES

THE BEST PART OF MY DAY WAS

WRITE DOWN SOMETHING

- · GOOD
- · TRUE
- · BEAUTIFUL

/ / 20..... S M T W T F S

 TODAY I AM FOCUSED ON

AFFIRMATIONS

· I CAN
· I AM
· I WILL

I AM GRATEFUL FOR

 HOW I FELT TODAY

○ HAPPY   ○ NEUTRAL
○ CONTENT   ○ SAD
○ JOYFUL   ○ ANGRY
○ CREATIVE   ○ ANXIOUS
○ LOVING   ○ DISAPPOINTED
○ RELAXED   ○ STRESSED
○ BALANCED   ○ OVERWHELMED
○ _____   ○ _____

A FEW NOTES

THE BEST PART OF MY DAY WAS

WRITE DOWN SOMETHING

· GOOD
· TRUE
· BEAUTIFUL

/ /20..... S M T W T F S

TODAY I AM FOCUSED ON

AFFIRMATIONS

- · I CAN
- · I AM
- · I WILL

I AM GRATEFUL FOR

- -

HOW I FELT TODAY

A FEW NOTES

- O HAPPY
- O CONTENT
- O JOYFUL
- O CREATIVE
- O LOVING
- O RELAXED
- O BALANCED
- O _____

- O NEUTRAL
- O SAD
- O ANGRY
- O ANXIOUS
- O DISAPPOINTED
- O STRESSED
- O OVERWHELMED
- O _____

THE BEST PART OF MY DAY WAS

WRITE DOWN SOMETHING

- · GOOD
- · TRUE
- · BEAUTIFUL

/ / 20.....   S M T W T F S

 TODAY I AM FOCUSED ON

AFFIRMATIONS

· I CAN
· I AM
· I WILL

I AM GRATEFUL FOR

- -

 HOW I FELT TODAY   A FEW NOTES

O HAPPY   O NEUTRAL
O CONTENT   O SAD
O JOYFUL   O ANGRY
O CREATIVE   O ANXIOUS
O LOVING   O DISAPPOINTED
O RELAXED   O STRESSED
O BALANCED   O OVERWHELMED
O _____   O _____

THE BEST PART OF MY DAY WAS

WRITE DOWN SOMETHING

· GOOD
· TRUE
· BEAUTIFUL

TODAY I AM FOCUSED ON

AFFIRMATIONS

· I CAN
· I AM
· I WILL

I AM GRATEFUL FOR

 HOW I FELT TODAY

| A FEW NOTES |

O HAPPY   O NEUTRAL
O CONTENT   O SAD
O JOYFUL   O ANGRY
O CREATIVE   O ANXIOUS
O LOVING   O DISAPPOINTED
O RELAXED   O STRESSED
O BALANCED   O OVERWHELMED
O _____   O _____

THE BEST PART OF MY DAY WAS

WRITE DOWN SOMETHING

· GOOD
· TRUE
· BEAUTIFUL

TODAY I AM FOCUSED ON

AFFIRMATIONS

- · I CAN
- · I AM
- · I WILL

I AM GRATEFUL FOR

- -

HOW I FELT TODAY

| A FEW NOTES |

- ○ HAPPY
- ○ CONTENT
- ○ JOYFUL
- ○ CREATIVE
- ○ LOVING
- ○ RELAXED
- ○ BALANCED
- ○ _____

- ○ NEUTRAL
- ○ SAD
- ○ ANGRY
- ○ ANXIOUS
- ○ DISAPPOINTED
- ○ STRESSED
- ○ OVERWHELMED
- ○ _____

THE BEST PART OF MY DAY WAS

WRITE DOWN SOMETHING

- · GOOD
- · TRUE
- · BEAUTIFUL

/ /20..... S M T W T F S

 TODAY I AM FOCUSED ON

AFFIRMATIONS

· I CAN
· I AM
· I WILL

I AM GRATEFUL FOR

- -

 HOW I FELT TODAY

| A FEW NOTES |

O HAPPY   O NEUTRAL
O CONTENT   O SAD
O JOYFUL   O ANGRY
O CREATIVE   O ANXIOUS
O LOVING   O DISAPPOINTED
O RELAXED   O STRESSED
O BALANCED   O OVERWHELMED
O _____   O _____

THE BEST PART OF MY DAY WAS

WRITE DOWN SOMETHING

· GOOD
· TRUE
· BEAUTIFUL

TODAY I AM FOCUSED ON

AFFIRMATIONS

· I CAN
· I AM
· I WILL

I AM GRATEFUL FOR

- -

 HOW I FELT TODAY

A FEW NOTES

○ HAPPY   ○ NEUTRAL
○ CONTENT   ○ SAD
○ JOYFUL   ○ ANGRY
○ CREATIVE   ○ ANXIOUS
○ LOVING   ○ DISAPPOINTED
○ RELAXED   ○ STRESSED
○ BALANCED   ○ OVERWHELMED
○ _____   ○ _____

THE BEST PART OF MY DAY WAS

WRITE DOWN SOMETHING

· GOOD
· TRUE
· BEAUTIFUL

/ /20.....   S M T W T F S

 TODAY I AM FOCUSED ON

AFFIRMATIONS

· I CAN
· I AM
· I WILL

I AM GRATEFUL FOR

HOW I FELT TODAY

A FEW NOTES

O HAPPY   O NEUTRAL
O CONTENT   O SAD
O JOYFUL   O ANGRY
O CREATIVE   O ANXIOUS
O LOVING   O DISAPPOINTED
O RELAXED   O STRESSED
O BALANCED   O OVERWHELMED
O _____   O _____

THE BEST PART OF MY DAY WAS

WRITE DOWN SOMETHING

· GOOD
· TRUE
· BEAUTIFUL

TODAY I AM FOCUSED ON

AFFIRMATIONS

· I CAN
· I AM
· I WILL

I AM GRATEFUL FOR

- -

 HOW I FELT TODAY

| A FEW NOTES |

O HAPPY   O NEUTRAL
O CONTENT   O SAD
O JOYFUL   O ANGRY
O CREATIVE   O ANXIOUS
O LOVING   O DISAPPOINTED
O RELAXED   O STRESSED
O BALANCED   O OVERWHELMED
O _____   O _____

THE BEST PART OF MY DAY WAS

WRITE DOWN SOMETHING

· GOOD
· TRUE
· BEAUTIFUL

/   / 20.....   S M T W T F S

 TODAY I AM FOCUSED ON

AFFIRMATIONS
· I CAN
· I AM
· I WILL

I AM GRATEFUL FOR

- -

HOW I FELT TODAY   A FEW NOTES

O HAPPY   O NEUTRAL
O CONTENT   O SAD
O JOYFUL   O ANGRY
O CREATIVE   O ANXIOUS
O LOVING   O DISAPPOINTED
O RELAXED   O STRESSED
O BALANCED   O OVERWHELMED
O _____   O _____

THE BEST PART OF MY DAY WAS

WRITE DOWN SOMETHING
· GOOD
· TRUE
· BEAUTIFUL

/ / 20.....   S M T W T F S

 TODAY I AM FOCUSED ON

AFFIRMATIONS

· I CAN
· I AM
· I WILL

I AM GRATEFUL FOR

 HOW I FELT TODAY

A FEW NOTES

O HAPPY   O NEUTRAL
O CONTENT   O SAD
O JOYFUL   O ANGRY
O CREATIVE   O ANXIOUS
O LOVING   O DISAPPOINTED
O RELAXED   O STRESSED
O BALANCED   O OVERWHELMED
O _____   O _____

THE BEST PART OF MY DAY WAS

WRITE DOWN SOMETHING

· GOOD
· TRUE
· BEAUTIFUL

TODAY I AM FOCUSED ON

AFFIRMATIONS

· I CAN
· I AM
· I WILL

I AM GRATEFUL FOR

          HOW I FELT TODAY

		A FEW NOTES
O HAPPY	O NEUTRAL	
O CONTENT	O SAD	
O JOYFUL	O ANGRY	
O CREATIVE	O ANXIOUS	
O LOVING	O DISAPPOINTED	
O RELAXED	O STRESSED	
O BALANCED	O OVERWHELMED	
O _____	O _____	

THE BEST PART OF MY DAY WAS

WRITE DOWN SOMETHING

· GOOD
· TRUE
· BEAUTIFUL

TODAY I AM FOCUSED ON

AFFIRMATIONS

- · I CAN
- · I AM
- · I WILL

I AM GRATEFUL FOR

 HOW I FELT TODAY

O HAPPY	O NEUTRAL
O CONTENT	O SAD
O JOYFUL	O ANGRY
O CREATIVE	O ANXIOUS
O LOVING	O DISAPPOINTED
O RELAXED	O STRESSED
O BALANCED	O OVERWHELMED
O _____	O _____

A FEW NOTES

THE BEST PART OF MY DAY WAS

WRITE DOWN SOMETHING

- · GOOD
- · TRUE
- · BEAUTIFUL

/   / 20.....   S M T W T F S

TODAY I AM FOCUSED ON

AFFIRMATIONS

- · I CAN
- · I AM
- · I WILL

I AM GRATEFUL FOR

- -

HOW I FELT TODAY

| A FEW NOTES |

- O HAPPY
- O CONTENT
- O JOYFUL
- O CREATIVE
- O LOVING
- O RELAXED
- O BALANCED
- O _____

- O NEUTRAL
- O SAD
- O ANGRY
- O ANXIOUS
- O DISAPPOINTED
- O STRESSED
- O OVERWHELMED
- O _____

THE BEST PART OF MY DAY WAS

WRITE DOWN SOMETHING

- · GOOD
- · TRUE
- · BEAUTIFUL

/   / 20.....   S M T W T F S

 TODAY I AM FOCUSED ON

AFFIRMATIONS

· I CAN
· I AM
· I WILL

I AM GRATEFUL FOR

       HOW I FELT TODAY | A FEW NOTES |

O HAPPY   O NEUTRAL
O CONTENT   O SAD
O JOYFUL   O ANGRY
O CREATIVE   O ANXIOUS
O LOVING   O DISAPPOINTED
O RELAXED   O STRESSED
O BALANCED   O OVERWHELMED
O _____   O _____

THE BEST PART OF MY DAY WAS

WRITE DOWN SOMETHING

· GOOD
· TRUE
· BEAUTIFUL

/   /20.....   S M T W T F S

 TODAY I AM FOCUSED ON

AFFIRMATIONS

· I CAN
· I AM
· I WILL

I AM GRATEFUL FOR

- -

        HOW I FELT TODAY   A FEW NOTES

O HAPPY   O NEUTRAL
O CONTENT   O SAD
O JOYFUL   O ANGRY
O CREATIVE   O ANXIOUS
O LOVING   O DISAPPOINTED
O RELAXED   O STRESSED
O BALANCED   O OVERWHELMED
O _____   O _____

THE BEST PART OF MY DAY WAS

WRITE DOWN SOMETHING

· GOOD
· TRUE
· BEAUTIFUL

TODAY I AM FOCUSED ON

AFFIRMATIONS

- · I CAN
- · I AM
- · I WILL

I AM GRATEFUL FOR

HOW I FELT TODAY

A FEW NOTES

- O HAPPY
- O CONTENT
- O JOYFUL
- O CREATIVE
- O LOVING
- O RELAXED
- O BALANCED
- O _____

- O NEUTRAL
- O SAD
- O ANGRY
- O ANXIOUS
- O DISAPPOINTED
- O STRESSED
- O OVERWHELMED
- O _____

THE BEST PART OF MY DAY WAS

WRITE DOWN SOMETHING

- · GOOD
- · TRUE
- · BEAUTIFUL

/ / 20.....   S M T W T F S

 TODAY I AM FOCUSED ON

AFFIRMATIONS

· I CAN
· I AM
· I WILL

I AM GRATEFUL FOR

HOW I FELT TODAY

A FEW NOTES

O HAPPY   O NEUTRAL
O CONTENT   O SAD
O JOYFUL   O ANGRY
O CREATIVE   O ANXIOUS
O LOVING   O DISAPPOINTED
O RELAXED   O STRESSED
O BALANCED   O OVERWHELMED
O _____   O _____

THE BEST PART OF MY DAY WAS

WRITE DOWN SOMETHING

· GOOD
· TRUE
· BEAUTIFUL

/ / 20..... S M T W T F S

TODAY I AM FOCUSED ON

AFFIRMATIONS

- · I CAN
- · I AM
- · I WILL

I AM GRATEFUL FOR

 HOW I FELT TODAY

A FEW NOTES

O HAPPY   O NEUTRAL
O CONTENT   O SAD
O JOYFUL   O ANGRY
O CREATIVE   O ANXIOUS
O LOVING   O DISAPPOINTED
O RELAXED   O STRESSED
O BALANCED   O OVERWHELMED
O _____   O _____

THE BEST PART OF MY DAY WAS

WRITE DOWN SOMETHING

- · GOOD
- · TRUE
- · BEAUTIFUL

TODAY I AM FOCUSED ON

AFFIRMATIONS

· I CAN
· I AM
· I WILL

I AM GRATEFUL FOR

- -

 HOW I FELT TODAY

| A FEW NOTES |

O HAPPY   O NEUTRAL
O CONTENT   O SAD
O JOYFUL   O ANGRY
O CREATIVE   O ANXIOUS
O LOVING   O DISAPPOINTED
O RELAXED   O STRESSED
O BALANCED   O OVERWHELMED
O _____   O _____

THE BEST PART OF MY DAY WAS

WRITE DOWN SOMETHING

· GOOD
· TRUE
· BEAUTIFUL

/ /20..... S M T W T F S

TODAY I AM FOCUSED ON

AFFIRMATIONS

· I CAN
· I AM
· I WILL

I AM GRATEFUL FOR

- -

 HOW I FELT TODAY

A FEW NOTES

O HAPPY   O NEUTRAL
O CONTENT   O SAD
O JOYFUL   O ANGRY
O CREATIVE   O ANXIOUS
O LOVING   O DISAPPOINTED
O RELAXED   O STRESSED
O BALANCED   O OVERWHELMED
O _____   O _____

THE BEST PART OF MY DAY WAS

WRITE DOWN SOMETHING

· GOOD
· TRUE
· BEAUTIFUL

/ /20.....   S M T W T F S

 TODAY I AM FOCUSED ON

AFFIRMATIONS

· I CAN
· I AM
· I WILL

I AM GRATEFUL FOR

 HOW I FELT TODAY

		A FEW NOTES

O HAPPY   O NEUTRAL
O CONTENT   O SAD
O JOYFUL   O ANGRY
O CREATIVE   O ANXIOUS
O LOVING   O DISAPPOINTED
O RELAXED   O STRESSED
O BALANCED   O OVERWHELMED
O _____   O _____

THE BEST PART OF MY DAY WAS

WRITE DOWN SOMETHING

· GOOD
· TRUE
· BEAUTIFUL

/ /20..... S M T W T F S

TODAY I AM FOCUSED ON

AFFIRMATIONS

· I CAN
· I AM
· I WILL

I AM GRATEFUL FOR

- -

HOW I FELT TODAY

A FEW NOTES

O HAPPY   O NEUTRAL
O CONTENT   O SAD
O JOYFUL   O ANGRY
O CREATIVE   O ANXIOUS
O LOVING   O DISAPPOINTED
O RELAXED   O STRESSED
O BALANCED   O OVERWHELMED
O _____   O _____

THE BEST PART OF MY DAY WAS

WRITE DOWN SOMETHING

· GOOD
· TRUE
· BEAUTIFUL

/ /20.....   S M T W T F S

 TODAY I AM FOCUSED ON

AFFIRMATIONS

· I CAN
· I AM
· I WILL

I AM GRATEFUL FOR

- -

     HOW I FELT TODAY

| | A FEW NOTES |

O HAPPY   O NEUTRAL
O CONTENT   O SAD
O JOYFUL   O ANGRY
O CREATIVE   O ANXIOUS
O LOVING   O DISAPPOINTED
O RELAXED   O STRESSED
O BALANCED   O OVERWHELMED
O _____   O _____

THE BEST PART OF MY DAY WAS

WRITE DOWN SOMETHING

· GOOD
· TRUE
· BEAUTIFUL

/ /20..... S M T W T F S

TODAY I AM FOCUSED ON

AFFIRMATIONS

- · I CAN
- · I AM
- · I WILL

I AM GRATEFUL FOR

 HOW I FELT TODAY

A FEW NOTES

- O HAPPY
- O CONTENT
- O JOYFUL
- O CREATIVE
- O LOVING
- O RELAXED
- O BALANCED
- O _____

- O NEUTRAL
- O SAD
- O ANGRY
- O ANXIOUS
- O DISAPPOINTED
- O STRESSED
- O OVERWHELMED
- O _____

THE BEST PART OF MY DAY WAS

WRITE DOWN SOMETHING

- · GOOD
- · TRUE
- · BEAUTIFUL

TODAY I AM FOCUSED ON

AFFIRMATIONS

· I CAN
· I AM
· I WILL

I AM GRATEFUL FOR

HOW I FELT TODAY

| A FEW NOTES |

O HAPPY   O NEUTRAL
O CONTENT   O SAD
O JOYFUL   O ANGRY
O CREATIVE   O ANXIOUS
O LOVING   O DISAPPOINTED
O RELAXED   O STRESSED
O BALANCED   O OVERWHELMED
O _____   O _____

THE BEST PART OF MY DAY WAS

WRITE DOWN SOMETHING

· GOOD
· TRUE
· BEAUTIFUL

/ / 20..... S M T W T F S

 TODAY I AM FOCUSED ON

AFFIRMATIONS

· I CAN
· I AM
· I WILL

I AM GRATEFUL FOR

- -

 HOW I FELT TODAY

| A FEW NOTES |

○ HAPPY   ○ NEUTRAL
○ CONTENT   ○ SAD
○ JOYFUL   ○ ANGRY
○ CREATIVE   ○ ANXIOUS
○ LOVING   ○ DISAPPOINTED
○ RELAXED   ○ STRESSED
○ BALANCED   ○ OVERWHELMED
○ _____   ○ _____

THE BEST PART OF MY DAY WAS

WRITE DOWN SOMETHING

· GOOD
· TRUE
· BEAUTIFUL

TODAY I AM FOCUSED ON

AFFIRMATIONS

· I CAN
· I AM
· I WILL

I AM GRATEFUL FOR

- -

HOW I FELT TODAY

		A FEW NOTES
O HAPPY	O NEUTRAL	
O CONTENT	O SAD	
O JOYFUL	O ANGRY	
O CREATIVE	O ANXIOUS	
O LOVING	O DISAPPOINTED	
O RELAXED	O STRESSED	
O BALANCED	O OVERWHELMED	
O _____	O _____	

THE BEST PART OF MY DAY WAS

WRITE DOWN SOMETHING

· GOOD
· TRUE
· BEAUTIFUL

/ / 20..... S M T W T F S

 TODAY I AM FOCUSED ON

AFFIRMATIONS

· I CAN
· I AM
· I WILL

I AM GRATEFUL FOR

- -

 HOW I FELT TODAY

A FEW NOTES

O HAPPY   O NEUTRAL
O CONTENT   O SAD
O JOYFUL   O ANGRY
O CREATIVE   O ANXIOUS
O LOVING   O DISAPPOINTED
O RELAXED   O STRESSED
O BALANCED   O OVERWHELMED
O _____   O _____

THE BEST PART OF MY DAY WAS

WRITE DOWN SOMETHING

· GOOD
· TRUE
· BEAUTIFUL

/ / 20.....

 TODAY I AM FOCUSED ON

AFFIRMATIONS

· I CAN
· I AM
· I WILL

I AM GRATEFUL FOR

- -

 HOW I FELT TODAY

		A FEW NOTES

○ HAPPY   ○ NEUTRAL
○ CONTENT   ○ SAD
○ JOYFUL   ○ ANGRY
○ CREATIVE ○ ANXIOUS
○ LOVING   ○ DISAPPOINTED
○ RELAXED   ○ STRESSED
○ BALANCED ○ OVERWHELMED
○ _____ ○ _____

THE BEST PART OF MY DAY WAS

WRITE DOWN SOMETHING

· GOOD
· TRUE
· BEAUTIFUL

TODAY I AM FOCUSED ON

AFFIRMATIONS

· I CAN
· I AM
· I WILL

I AM GRATEFUL FOR

- -

HOW I FELT TODAY

O HAPPY	O NEUTRAL
O CONTENT	O SAD
O JOYFUL	O ANGRY
O CREATIVE	O ANXIOUS
O LOVING	O DISAPPOINTED
O RELAXED	O STRESSED
O BALANCED	O OVERWHELMED
O _____	O _____

A FEW NOTES

THE BEST PART OF MY DAY WAS

WRITE DOWN SOMETHING

· GOOD
· TRUE
· BEAUTIFUL

TODAY I AM FOCUSED ON

AFFIRMATIONS

· I CAN
· I AM
· I WILL

I AM GRATEFUL FOR

- -

 HOW I FELT TODAY

		A FEW NOTES
○ HAPPY	○ NEUTRAL	
○ CONTENT	○ SAD	
○ JOYFUL	○ ANGRY	
○ CREATIVE	○ ANXIOUS	
○ LOVING	○ DISAPPOINTED	
○ RELAXED	○ STRESSED	
○ BALANCED	○ OVERWHELMED	
○ _____	○ _____	

THE BEST PART OF MY DAY WAS

WRITE DOWN SOMETHING

· GOOD
· TRUE
· BEAUTIFUL

/ / 20..... S M T W T F S

TODAY I AM FOCUSED ON

AFFIRMATIONS

· I CAN
· I AM
· I WILL

I AM GRATEFUL FOR

- -

HOW I FELT TODAY

A FEW NOTES

O HAPPY   O NEUTRAL
O CONTENT   O SAD
O JOYFUL   O ANGRY
O CREATIVE   O ANXIOUS
O LOVING   O DISAPPOINTED
O RELAXED   O STRESSED
O BALANCED   O OVERWHELMED
O _____   O _____

THE BEST PART OF MY DAY WAS

WRITE DOWN SOMETHING

· GOOD
· TRUE
· BEAUTIFUL

/ /20..... S M T W T F S

 TODAY I AM FOCUSED ON

AFFIRMATIONS

· I CAN
· I AM
· I WILL

I AM GRATEFUL FOR

- -

 HOW I FELT TODAY

| A FEW NOTES |

O HAPPY   O NEUTRAL
O CONTENT   O SAD
O JOYFUL   O ANGRY
O CREATIVE   O ANXIOUS
O LOVING   O DISAPPOINTED
O RELAXED   O STRESSED
O BALANCED   O OVERWHELMED
O _____   O _____

THE BEST PART OF MY DAY WAS

WRITE DOWN SOMETHING

· GOOD
· TRUE
· BEAUTIFUL

/ / 20..... S M T W T F S

 TODAY I AM FOCUSED ON

AFFIRMATIONS

· I CAN
· I AM
· I WILL

I AM GRATEFUL FOR

 HOW I FELT TODAY

| A FEW NOTES |

○ HAPPY   ○ NEUTRAL
○ CONTENT   ○ SAD
○ JOYFUL   ○ ANGRY
○ CREATIVE   ○ ANXIOUS
○ LOVING   ○ DISAPPOINTED
○ RELAXED   ○ STRESSED
○ BALANCED   ○ OVERWHELMED
○ _____   ○ _____

THE BEST PART OF MY DAY WAS

WRITE DOWN SOMETHING

· GOOD
· TRUE
· BEAUTIFUL

/ /20..... S M T W T F S

TODAY I AM FOCUSED ON

AFFIRMATIONS

· I CAN
· I AM
· I WILL

I AM GRATEFUL FOR

 HOW I FELT TODAY

| A FEW NOTES |

O HAPPY   O NEUTRAL
O CONTENT   O SAD
O JOYFUL   O ANGRY
O CREATIVE   O ANXIOUS
O LOVING   O DISAPPOINTED
O RELAXED   O STRESSED
O BALANCED   O OVERWHELMED
O _____   O _____

THE BEST PART OF MY DAY WAS

WRITE DOWN SOMETHING

· GOOD
· TRUE
· BEAUTIFUL

/ /20..... S M T W T F S

TODAY I AM FOCUSED ON

AFFIRMATIONS

· I CAN
· I AM
· I WILL

I AM GRATEFUL FOR

- -

 HOW I FELT TODAY

A FEW NOTES

○ HAPPY   ○ NEUTRAL
○ CONTENT   ○ SAD
○ JOYFUL   ○ ANGRY
○ CREATIVE   ○ ANXIOUS
○ LOVING   ○ DISAPPOINTED
○ RELAXED   ○ STRESSED
○ BALANCED   ○ OVERWHELMED
○ _____   ○ _____

THE BEST PART OF MY DAY WAS

WRITE DOWN SOMETHING

· GOOD
· TRUE
· BEAUTIFUL

/ /20..... S M T W T F S

 TODAY I AM FOCUSED ON

AFFIRMATIONS

· I CAN
· I AM
· I WILL

I AM GRATEFUL FOR

HOW I FELT TODAY

A FEW NOTES

O HAPPY   O NEUTRAL
O CONTENT   O SAD
O JOYFUL   O ANGRY
O CREATIVE   O ANXIOUS
O LOVING   O DISAPPOINTED
O RELAXED   O STRESSED
O BALANCED   O OVERWHELMED
O _____   O _____

THE BEST PART OF MY DAY WAS

WRITE DOWN SOMETHING

· GOOD
· TRUE
· BEAUTIFUL

TODAY I AM FOCUSED ON

AFFIRMATIONS

· I CAN
· I AM
· I WILL

I AM GRATEFUL FOR

- -

HOW I FELT TODAY

A FEW NOTES

O HAPPY   O NEUTRAL
O CONTENT   O SAD
O JOYFUL   O ANGRY
O CREATIVE   O ANXIOUS
O LOVING   O DISAPPOINTED
O RELAXED   O STRESSED
O BALANCED   O OVERWHELMED
O _____   O _____

THE BEST PART OF MY DAY WAS

WRITE DOWN SOMETHING

· GOOD
· TRUE
· BEAUTIFUL

/ /20..... S M T W T F S

TODAY I AM FOCUSED ON

AFFIRMATIONS

· I CAN
· I AM
· I WILL

I AM GRATEFUL FOR

- -

HOW I FELT TODAY

A FEW NOTES

O HAPPY   O NEUTRAL
O CONTENT   O SAD
O JOYFUL   O ANGRY
O CREATIVE   O ANXIOUS
O LOVING   O DISAPPOINTED
O RELAXED   O STRESSED
O BALANCED   O OVERWHELMED
O _____   O _____

THE BEST PART OF MY DAY WAS

WRITE DOWN SOMETHING

· GOOD
· TRUE
· BEAUTIFUL

/ /20..... S M T W T F S

TODAY I AM FOCUSED ON

AFFIRMATIONS

· I CAN
· I AM
· I WILL

I AM GRATEFUL FOR

- -

 HOW I FELT TODAY

A FEW NOTES

O HAPPY   O NEUTRAL
O CONTENT   O SAD
O JOYFUL   O ANGRY
O CREATIVE   O ANXIOUS
O LOVING   O DISAPPOINTED
O RELAXED   O STRESSED
O BALANCED   O OVERWHELMED
O _____   O _____

THE BEST PART OF MY DAY WAS

WRITE DOWN SOMETHING

· GOOD
· TRUE
· BEAUTIFUL

TODAY I AM FOCUSED ON

AFFIRMATIONS

- I CAN
- I AM
- I WILL

I AM GRATEFUL FOR

HOW I FELT TODAY

| A FEW NOTES |

- ○ HAPPY
- ○ CONTENT
- ○ JOYFUL
- ○ CREATIVE
- ○ LOVING
- ○ RELAXED
- ○ BALANCED
- ○ _____

- ○ NEUTRAL
- ○ SAD
- ○ ANGRY
- ○ ANXIOUS
- ○ DISAPPOINTED
- ○ STRESSED
- ○ OVERWHELMED
- ○ _____

THE BEST PART OF MY DAY WAS

WRITE DOWN SOMETHING

- GOOD
- TRUE
- BEAUTIFUL

/ /20..... S M T W T F S

 TODAY I AM FOCUSED ON

AFFIRMATIONS

- · I CAN
- · I AM
- · I WILL

I AM GRATEFUL FOR

 HOW I FELT TODAY

A FEW NOTES

O HAPPY   O NEUTRAL
O CONTENT   O SAD
O JOYFUL   O ANGRY
O CREATIVE   O ANXIOUS
O LOVING   O DISAPPOINTED
O RELAXED   O STRESSED
O BALANCED   O OVERWHELMED
O _____ O _____

THE BEST PART OF MY DAY WAS

WRITE DOWN SOMETHING

- · GOOD
- · TRUE
- · BEAUTIFUL

/ /20.....   S M T W T F S

TODAY I AM FOCUSED ON

AFFIRMATIONS

- I CAN
- I AM
- I WILL

I AM GRATEFUL FOR

HOW I FELT TODAY

| A FEW NOTES |

- ○ HAPPY
- ○ CONTENT
- ○ JOYFUL
- ○ CREATIVE
- ○ LOVING
- ○ RELAXED
- ○ BALANCED
- ○ _____

- ○ NEUTRAL
- ○ SAD
- ○ ANGRY
- ○ ANXIOUS
- ○ DISAPPOINTED
- ○ STRESSED
- ○ OVERWHELMED
- ○ _____

THE BEST PART OF MY DAY WAS

WRITE DOWN SOMETHING

- GOOD
- TRUE
- BEAUTIFUL

/ /20..... S M T W T F S

TODAY I AM FOCUSED ON

AFFIRMATIONS

- · I CAN
- · I AM
- · I WILL

I AM GRATEFUL FOR

 ## HOW I FELT TODAY

| A FEW NOTES |

○ HAPPY   ○ NEUTRAL
○ CONTENT   ○ SAD
○ JOYFUL   ○ ANGRY
○ CREATIVE   ○ ANXIOUS
○ LOVING   ○ DISAPPOINTED
○ RELAXED   ○ STRESSED
○ BALANCED   ○ OVERWHELMED
○ _____   ○ _____

THE BEST PART OF MY DAY WAS

WRITE DOWN SOMETHING

- · GOOD
- · TRUE
- · BEAUTIFUL

TODAY I AM FOCUSED ON

AFFIRMATIONS

· I CAN
· I AM
· I WILL

I AM GRATEFUL FOR

 HOW I FELT TODAY

A FEW NOTES

O HAPPY   O NEUTRAL
O CONTENT   O SAD
O JOYFUL   O ANGRY
O CREATIVE   O ANXIOUS
O LOVING   O DISAPPOINTED
O RELAXED   O STRESSED
O BALANCED   O OVERWHELMED
O _____   O _____

THE BEST PART OF MY DAY WAS

WRITE DOWN SOMETHING

· GOOD
· TRUE
· BEAUTIFUL

/ / 20.....   S M T W T F S

 TODAY I AM FOCUSED ON

AFFIRMATIONS

· I CAN
· I AM
· I WILL

I AM GRATEFUL FOR

 HOW I FELT TODAY

O HAPPY   O NEUTRAL
O CONTENT   O SAD
O JOYFUL   O ANGRY
O CREATIVE   O ANXIOUS
O LOVING   O DISAPPOINTED
O RELAXED   O STRESSED
O BALANCED   O OVERWHELMED
O _____   O _____

A FEW NOTES

THE BEST PART OF MY DAY WAS

WRITE DOWN SOMETHING

· GOOD
· TRUE
· BEAUTIFUL

/ / 20..... S M T W T F S

 TODAY I AM FOCUSED ON

AFFIRMATIONS

· I CAN
· I AM
· I WILL

I AM GRATEFUL FOR

HOW I FELT TODAY

| A FEW NOTES |

O HAPPY   O NEUTRAL
O CONTENT   O SAD
O JOYFUL   O ANGRY
O CREATIVE   O ANXIOUS
O LOVING   O DISAPPOINTED
O RELAXED   O STRESSED
O BALANCED   O OVERWHELMED
O _____   O _____

THE BEST PART OF MY DAY WAS

WRITE DOWN SOMETHING

· GOOD
· TRUE
· BEAUTIFUL

/ / 20..... S M T W T F S

 TODAY I AM FOCUSED ON

AFFIRMATIONS

· I CAN
· I AM
· I WILL

I AM GRATEFUL FOR

 HOW I FELT TODAY

A FEW NOTES

O HAPPY   O NEUTRAL
O CONTENT   O SAD
O JOYFUL   O ANGRY
O CREATIVE   O ANXIOUS
O LOVING   O DISAPPOINTED
O RELAXED   O STRESSED
O BALANCED   O OVERWHELMED
O _____   O _____

THE BEST PART OF MY DAY WAS

WRITE DOWN SOMETHING

· GOOD
· TRUE
· BEAUTIFUL

TODAY I AM FOCUSED ON

AFFIRMATIONS

· I CAN
· I AM
· I WILL

I AM GRATEFUL FOR

 HOW I FELT TODAY

		A FEW NOTES
O HAPPY	O NEUTRAL	
O CONTENT	O SAD	
O JOYFUL	O ANGRY	
O CREATIVE	O ANXIOUS	
O LOVING	O DISAPPOINTED	
O RELAXED	O STRESSED	
O BALANCED	O OVERWHELMED	
O _____	O _____	

THE BEST PART OF MY DAY WAS

WRITE DOWN SOMETHING

· GOOD
· TRUE
· BEAUTIFUL

/ /20..... S M T W T F S

TODAY I AM FOCUSED ON

AFFIRMATIONS

· I CAN
· I AM
· I WILL

I AM GRATEFUL FOR

- -

 HOW I FELT TODAY

A FEW NOTES

O HAPPY   O NEUTRAL
O CONTENT   O SAD
O JOYFUL   O ANGRY
O CREATIVE   O ANXIOUS
O LOVING   O DISAPPOINTED
O RELAXED   O STRESSED
O BALANCED   O OVERWHELMED
O _____   O _____

THE BEST PART OF MY DAY WAS

WRITE DOWN SOMETHING

· GOOD
· TRUE
· BEAUTIFUL

TODAY I AM FOCUSED ON

AFFIRMATIONS

· I CAN
· I AM
· I WILL

I AM GRATEFUL FOR

 HOW I FELT TODAY

		A FEW NOTES

○ HAPPY   ○ NEUTRAL
○ CONTENT   ○ SAD
○ JOYFUL   ○ ANGRY
○ CREATIVE   ○ ANXIOUS
○ LOVING   ○ DISAPPOINTED
○ RELAXED   ○ STRESSED
○ BALANCED   ○ OVERWHELMED
○ _____   ○ _____

THE BEST PART OF MY DAY WAS

WRITE DOWN SOMETHING

· GOOD
· TRUE
· BEAUTIFUL

/ / 20..... S M T W T F S

TODAY I AM FOCUSED ON

AFFIRMATIONS

· I CAN
· I AM
· I WILL

I AM GRATEFUL FOR

- -

HOW I FELT TODAY   A FEW NOTES

○ HAPPY   ○ NEUTRAL
○ CONTENT   ○ SAD
○ JOYFUL   ○ ANGRY
○ CREATIVE   ○ ANXIOUS
○ LOVING   ○ DISAPPOINTED
○ RELAXED   ○ STRESSED
○ BALANCED   ○ OVERWHELMED
○ _____   ○ _____

THE BEST PART OF MY DAY WAS

WRITE DOWN SOMETHING

· GOOD
· TRUE
· BEAUTIFUL

TODAY I AM FOCUSED ON

AFFIRMATIONS

· I CAN
· I AM
· I WILL

I AM GRATEFUL FOR

 HOW I FELT TODAY

○ HAPPY   ○ NEUTRAL
○ CONTENT   ○ SAD
○ JOYFUL   ○ ANGRY
○ CREATIVE   ○ ANXIOUS
○ LOVING   ○ DISAPPOINTED
○ RELAXED   ○ STRESSED
○ BALANCED   ○ OVERWHELMED
○ _____   ○ _____

A FEW NOTES

THE BEST PART OF MY DAY WAS

WRITE DOWN SOMETHING

· GOOD
· TRUE
· BEAUTIFUL

/ / 20..... S M T W T F S

TODAY I AM FOCUSED ON

AFFIRMATIONS

· I CAN
· I AM
· I WILL

I AM GRATEFUL FOR

- -

 HOW I FELT TODAY

A FEW NOTES

O HAPPY   O NEUTRAL
O CONTENT   O SAD
O JOYFUL   O ANGRY
O CREATIVE   O ANXIOUS
O LOVING   O DISAPPOINTED
O RELAXED   O STRESSED
O BALANCED   O OVERWHELMED
O _____   O _____

THE BEST PART OF MY DAY WAS

WRITE DOWN SOMETHING

· GOOD
· TRUE
· BEAUTIFUL

/ /20..... S M T W T F S

TODAY I AM FOCUSED ON

AFFIRMATIONS

· I CAN
· I AM
· I WILL

I AM GRATEFUL FOR

- -

 HOW I FELT TODAY

A FEW NOTES

○ HAPPY   ○ NEUTRAL
○ CONTENT   ○ SAD
○ JOYFUL   ○ ANGRY
○ CREATIVE   ○ ANXIOUS
○ LOVING   ○ DISAPPOINTED
○ RELAXED   ○ STRESSED
○ BALANCED   ○ OVERWHELMED
○ _____   ○ _____

THE BEST PART OF MY DAY WAS

WRITE DOWN SOMETHING

· GOOD
· TRUE
· BEAUTIFUL

_/ _/20..... S M T W T F S

 TODAY I AM FOCUSED ON

_____

AFFIRMATIONS

· I CAN
· I AM
· I WILL

I AM GRATEFUL FOR

- -

 HOW I FELT TODAY

| A FEW NOTES |

O HAPPY   O NEUTRAL
O CONTENT   O SAD
O JOYFUL   O ANGRY
O CREATIVE   O ANXIOUS
O LOVING   O DISAPPOINTED
O RELAXED   O STRESSED
O BALANCED   O OVERWHELMED
O _____   O _____

THE BEST PART OF MY DAY WAS

WRITE DOWN SOMETHING

· GOOD
· TRUE
· BEAUTIFUL

/ / 20..... S M T W T F S

TODAY I AM FOCUSED ON

AFFIRMATIONS

· I CAN
· I AM
· I WILL

I AM GRATEFUL FOR

- -

HOW I FELT TODAY

O HAPPY   O NEUTRAL
O CONTENT   O SAD
O JOYFUL   O ANGRY
O CREATIVE   O ANXIOUS
O LOVING   O DISAPPOINTED
O RELAXED   O STRESSED
O BALANCED   O OVERWHELMED
O _____   O _____

A FEW NOTES

THE BEST PART OF MY DAY WAS

WRITE DOWN SOMETHING

· GOOD
· TRUE
· BEAUTIFUL

/ / 20.....   S M T W T F S

TODAY I AM FOCUSED ON

AFFIRMATIONS

· I CAN
· I AM
· I WILL

I AM GRATEFUL FOR

- -

HOW I FELT TODAY

| A FEW NOTES |

O HAPPY   O NEUTRAL
O CONTENT   O SAD
O JOYFUL   O ANGRY
O CREATIVE   O ANXIOUS
O LOVING   O DISAPPOINTED
O RELAXED   O STRESSED
O BALANCED   O OVERWHELMED
O _____   O _____

THE BEST PART OF MY DAY WAS

WRITE DOWN SOMETHING

· GOOD
· TRUE
· BEAUTIFUL

/ / 20.....   S M T W T F S

 TODAY I AM FOCUSED ON

AFFIRMATIONS

· I CAN
· I AM
· I WILL

I AM GRATEFUL FOR

- -

 HOW I FELT TODAY

| A FEW NOTES |

O HAPPY   O NEUTRAL
O CONTENT   O SAD
O JOYFUL   O ANGRY
O CREATIVE   O ANXIOUS
O LOVING   O DISAPPOINTED
O RELAXED   O STRESSED
O BALANCED   O OVERWHELMED
O _____   O _____

THE BEST PART OF MY DAY WAS

WRITE DOWN SOMETHING

· GOOD
· TRUE
· BEAUTIFUL

/ /20..... S M T W T F S

 TODAY I AM FOCUSED ON

AFFIRMATIONS

· I CAN
· I AM
· I WILL

I AM GRATEFUL FOR

- -

 HOW I FELT TODAY

		A FEW NOTES
O HAPPY	O NEUTRAL	
O CONTENT	O SAD	
O JOYFUL	O ANGRY	
O CREATIVE	O ANXIOUS	
O LOVING	O DISAPPOINTED	
O RELAXED	O STRESSED	
O BALANCED	O OVERWHELMED	
O _____	O _____	

THE BEST PART OF MY DAY WAS

WRITE DOWN SOMETHING

· GOOD
· TRUE
· BEAUTIFUL

TODAY I AM FOCUSED ON

AFFIRMATIONS

· I CAN
· I AM
· I WILL

I AM GRATEFUL FOR

- -

          HOW I FELT TODAY

| A FEW NOTES |

○ HAPPY   ○ NEUTRAL
○ CONTENT   ○ SAD
○ JOYFUL   ○ ANGRY
○ CREATIVE   ○ ANXIOUS
○ LOVING   ○ DISAPPOINTED
○ RELAXED   ○ STRESSED
○ BALANCED   ○ OVERWHELMED
○ _____   ○ _____

THE BEST PART OF MY DAY WAS

WRITE DOWN SOMETHING

· GOOD
· TRUE
· BEAUTIFUL

/ / 20..... S M T W T F S

 TODAY I AM FOCUSED ON

AFFIRMATIONS

· I CAN
· I AM
· I WILL

I AM GRATEFUL FOR

- -

HOW I FELT TODAY

A FEW NOTES

○ HAPPY   ○ NEUTRAL
○ CONTENT   ○ SAD
○ JOYFUL   ○ ANGRY
○ CREATIVE   ○ ANXIOUS
○ LOVING   ○ DISAPPOINTED
○ RELAXED   ○ STRESSED
○ BALANCED   ○ OVERWHELMED
○ _____   ○ _____

THE BEST PART OF MY DAY WAS

WRITE DOWN SOMETHING

· GOOD
· TRUE
· BEAUTIFUL

/ / 20..... S M T W T F S

 TODAY I AM FOCUSED ON

AFFIRMATIONS
· I CAN
· I AM
· I WILL

I AM GRATEFUL FOR

 HOW I FELT TODAY

A FEW NOTES

○ HAPPY   ○ NEUTRAL
○ CONTENT   ○ SAD
○ JOYFUL   ○ ANGRY
○ CREATIVE   ○ ANXIOUS
○ LOVING   ○ DISAPPOINTED
○ RELAXED   ○ STRESSED
○ BALANCED   ○ OVERWHELMED
○ _____   ○ _____

THE BEST PART OF MY DAY WAS

WRITE DOWN SOMETHING
· GOOD
· TRUE
· BEAUTIFUL

/ / 20..... S M T W T F S

 TODAY I AM FOCUSED ON

AFFIRMATIONS

· I CAN
· I AM
· I WILL

I AM GRATEFUL FOR

- -

HOW I FELT TODAY

| A FEW NOTES |

O HAPPY   O NEUTRAL

O CONTENT   O SAD

O JOYFUL   O ANGRY

O CREATIVE   O ANXIOUS

O LOVING   O DISAPPOINTED

O RELAXED   O STRESSED

O BALANCED O OVERWHELMED

O _____   O _____

THE BEST PART OF MY DAY WAS

WRITE DOWN SOMETHING

· GOOD
· TRUE
· BEAUTIFUL

/ /20..... S M T W T F S

TODAY I AM FOCUSED ON

AFFIRMATIONS

· I CAN
· I AM
· I WILL

I AM GRATEFUL FOR

- -

 HOW I FELT TODAY

A FEW NOTES

O HAPPY   O NEUTRAL
O CONTENT   O SAD
O JOYFUL   O ANGRY
O CREATIVE   O ANXIOUS
O LOVING   O DISAPPOINTED
O RELAXED   O STRESSED
O BALANCED   O OVERWHELMED
O _____   O _____

THE BEST PART OF MY DAY WAS

WRITE DOWN SOMETHING

· GOOD
· TRUE
· BEAUTIFUL

/ / 20..... S M T W T F S

 TODAY I AM FOCUSED ON

AFFIRMATIONS

· I CAN
· I AM
· I WILL

I AM GRATEFUL FOR

- -

HOW I FELT TODAY

| A FEW NOTES |

O HAPPY   O NEUTRAL
O CONTENT   O SAD
O JOYFUL   O ANGRY
O CREATIVE   O ANXIOUS
O LOVING   O DISAPPOINTED
O RELAXED   O STRESSED
O BALANCED   O OVERWHELMED
O _____   O _____

THE BEST PART OF MY DAY WAS

WRITE DOWN SOMETHING

· GOOD
· TRUE
· BEAUTIFUL

_/ _/20...... S M T W T F S

 TODAY I AM FOCUSED ON

AFFIRMATIONS

- I CAN
- I AM
- I WILL

I AM GRATEFUL FOR

HOW I FELT TODAY

A FEW NOTES

O HAPPY   O NEUTRAL
O CONTENT   O SAD
O JOYFUL   O ANGRY
O CREATIVE   O ANXIOUS
O LOVING   O DISAPPOINTED
O RELAXED   O STRESSED
O BALANCED   O OVERWHELMED
O _____   O _____

THE BEST PART OF MY DAY WAS

WRITE DOWN SOMETHING

- GOOD
- TRUE
- BEAUTIFUL

/ /20..... S M T W T F S

☼ TODAY I AM FOCUSED ON

AFFIRMATIONS

· I CAN
· I AM
· I WILL

I AM GRATEFUL FOR

🌙 HOW I FELT TODAY

| A FEW NOTES |

○ HAPPY   ○ NEUTRAL
○ CONTENT   ○ SAD
○ JOYFUL   ○ ANGRY
○ CREATIVE   ○ ANXIOUS
○ LOVING   ○ DISAPPOINTED
○ RELAXED   ○ STRESSED
○ BALANCED   ○ OVERWHELMED
○ _____   ○ _____

THE BEST PART OF MY DAY WAS

WRITE DOWN SOMETHING

· GOOD
· TRUE
· BEAUTIFUL

___ / ___ /20......   S M T W T F S

 TODAY I AM FOCUSED ON

AFFIRMATIONS

· I CAN
· I AM
· I WILL

I AM GRATEFUL FOR

- -

HOW I FELT TODAY

A FEW NOTES

O HAPPY   O NEUTRAL
O CONTENT   O SAD
O JOYFUL   O ANGRY
O CREATIVE   O ANXIOUS
O LOVING   O DISAPPOINTED
O RELAXED   O STRESSED
O BALANCED   O OVERWHELMED
O _____   O _____

THE BEST PART OF MY DAY WAS

WRITE DOWN SOMETHING

· GOOD
· TRUE
· BEAUTIFUL

/ /20..... S M T W T F S

TODAY I AM FOCUSED ON

AFFIRMATIONS

- · I CAN
- · I AM
- · I WILL

I AM GRATEFUL FOR

HOW I FELT TODAY

A FEW NOTES

- O HAPPY
- O CONTENT
- O JOYFUL
- O CREATIVE
- O LOVING
- O RELAXED
- O BALANCED
- O _____

- O NEUTRAL
- O SAD
- O ANGRY
- O ANXIOUS
- O DISAPPOINTED
- O STRESSED
- O OVERWHELMED
- O _____

THE BEST PART OF MY DAY WAS

WRITE DOWN SOMETHING

- · GOOD
- · TRUE
- · BEAUTIFUL

/   / 20......   S M T W T F S

 TODAY I AM FOCUSED ON

AFFIRMATIONS

· I CAN
· I AM
· I WILL

I AM GRATEFUL FOR

- -

HOW I FELT TODAY

| A FEW NOTES |

O HAPPY   O NEUTRAL
O CONTENT   O SAD
O JOYFUL   O ANGRY
O CREATIVE   O ANXIOUS
O LOVING   O DISAPPOINTED
O RELAXED   O STRESSED
O BALANCED   O OVERWHELMED
O _____   O _____

THE BEST PART OF MY DAY WAS

WRITE DOWN SOMETHING

· GOOD
· TRUE
· BEAUTIFUL

/ / 20.....   S M T W T F S

TODAY I AM FOCUSED ON

AFFIRMATIONS

· I CAN
· I AM
· I WILL

I AM GRATEFUL FOR

HOW I FELT TODAY   A FEW NOTES

O HAPPY   O NEUTRAL
O CONTENT   O SAD
O JOYFUL   O ANGRY
O CREATIVE   O ANXIOUS
O LOVING   O DISAPPOINTED
O RELAXED   O STRESSED
O BALANCED   O OVERWHELMED
O _____   O _____

THE BEST PART OF MY DAY WAS

WRITE DOWN SOMETHING

· GOOD
· TRUE
· BEAUTIFUL

/ /20..... S M T W T F S

TODAY I AM FOCUSED ON

AFFIRMATIONS

· I CAN
· I AM
· I WILL

I AM GRATEFUL FOR

HOW I FELT TODAY

A FEW NOTES

O HAPPY   O NEUTRAL
O CONTENT   O SAD
O JOYFUL   O ANGRY
O CREATIVE   O ANXIOUS
O LOVING   O DISAPPOINTED
O RELAXED   O STRESSED
O BALANCED   O OVERWHELMED
O _____   O _____

THE BEST PART OF MY DAY WAS

WRITE DOWN SOMETHING

· GOOD
· TRUE
· BEAUTIFUL

/ /20.....   S M T W T F S

TODAY I AM FOCUSED ON

AFFIRMATIONS

· I CAN
· I AM
· I WILL

I AM GRATEFUL FOR

- -

HOW I FELT TODAY

| A FEW NOTES |

O HAPPY   O NEUTRAL
O CONTENT   O SAD
O JOYFUL   O ANGRY
O CREATIVE   O ANXIOUS
O LOVING   O DISAPPOINTED
O RELAXED   O STRESSED
O BALANCED   O OVERWHELMED
O _____   O _____

THE BEST PART OF MY DAY WAS

WRITE DOWN SOMETHING

· GOOD
· TRUE
· BEAUTIFUL

/ /20..... S M T W T F S

TODAY I AM FOCUSED ON

AFFIRMATIONS

· I CAN
· I AM
· I WILL

I AM GRATEFUL FOR

- -

HOW I FELT TODAY

| | | A FEW NOTES |

O HAPPY   O NEUTRAL
O CONTENT   O SAD
O JOYFUL   O ANGRY
O CREATIVE   O ANXIOUS
O LOVING   O DISAPPOINTED
O RELAXED   O STRESSED
O BALANCED   O OVERWHELMED
O _____   O _____

THE BEST PART OF MY DAY WAS

WRITE DOWN SOMETHING

· GOOD
· TRUE
· BEAUTIFUL

/ /20..... S M T W T F S

TODAY I AM FOCUSED ON

AFFIRMATIONS

- · I CAN
- · I AM
- · I WILL

I AM GRATEFUL FOR

 HOW I FELT TODAY

A FEW NOTES

○ HAPPY   ○ NEUTRAL
○ CONTENT   ○ SAD
○ JOYFUL   ○ ANGRY
○ CREATIVE   ○ ANXIOUS
○ LOVING   ○ DISAPPOINTED
○ RELAXED   ○ STRESSED
○ BALANCED   ○ OVERWHELMED
○ _____   ○ _____

THE BEST PART OF MY DAY WAS

WRITE DOWN SOMETHING

- · GOOD
- · TRUE
- · BEAUTIFUL

/ / 20.....   S M T W T F S

 TODAY I AM FOCUSED ON

AFFIRMATIONS

· I CAN
· I AM
· I WILL

I AM GRATEFUL FOR

- -

HOW I FELT TODAY

| A FEW NOTES |

O HAPPY   O NEUTRAL
O CONTENT   O SAD
O JOYFUL   O ANGRY
O CREATIVE   O ANXIOUS
O LOVING   O DISAPPOINTED
O RELAXED   O STRESSED
O BALANCED   O OVERWHELMED
O _____   O _____

THE BEST PART OF MY DAY WAS

WRITE DOWN SOMETHING

· GOOD
· TRUE
· BEAUTIFUL

/ / 20.....   S M T W T F S

TODAY I AM FOCUSED ON

AFFIRMATIONS

· I CAN
· I AM
· I WILL

I AM GRATEFUL FOR

- -

HOW I FELT TODAY

A FEW NOTES

O HAPPY   O NEUTRAL
O CONTENT   O SAD
O JOYFUL   O ANGRY
O CREATIVE   O ANXIOUS
O LOVING   O DISAPPOINTED
O RELAXED   O STRESSED
O BALANCED   O OVERWHELMED
O _____   O _____

THE BEST PART OF MY DAY WAS

WRITE DOWN SOMETHING

· GOOD
· TRUE
· BEAUTIFUL

/ / 20..... S M T W T F S

 TODAY I AM FOCUSED ON

AFFIRMATIONS

· I CAN
· I AM
· I WILL

I AM GRATEFUL FOR

- -

HOW I FELT TODAY

| A FEW NOTES |

O HAPPY   O NEUTRAL
O CONTENT   O SAD
O JOYFUL   O ANGRY
O CREATIVE   O ANXIOUS
O LOVING   O DISAPPOINTED
O RELAXED   O STRESSED
O BALANCED   O OVERWHELMED
O _____   O _____

THE BEST PART OF MY DAY WAS

WRITE DOWN SOMETHING

· GOOD
· TRUE
· BEAUTIFUL

/   / 20.....   S M T W T F S

TODAY I AM FOCUSED ON

AFFIRMATIONS

· I CAN
· I AM
· I WILL

I AM GRATEFUL FOR

- -

HOW I FELT TODAY

| A FEW NOTES |

O HAPPY   O NEUTRAL
O CONTENT   O SAD
O JOYFUL   O ANGRY
O CREATIVE   O ANXIOUS
O LOVING   O DISAPPOINTED
O RELAXED   O STRESSED
O BALANCED   O OVERWHELMED
O _____   O _____

THE BEST PART OF MY DAY WAS

WRITE DOWN SOMETHING

· GOOD
· TRUE
· BEAUTIFUL

/ /20..... S M T W T F S

TODAY I AM FOCUSED ON

AFFIRMATIONS

- I CAN
- I AM
- I WILL

I AM GRATEFUL FOR

HOW I FELT TODAY

A FEW NOTES

- O HAPPY
- O CONTENT
- O JOYFUL
- O CREATIVE
- O LOVING
- O RELAXED
- O BALANCED
- O _____

- O NEUTRAL
- O SAD
- O ANGRY
- O ANXIOUS
- O DISAPPOINTED
- O STRESSED
- O OVERWHELMED
- O _____

THE BEST PART OF MY DAY WAS

WRITE DOWN SOMETHING

- GOOD
- TRUE
- BEAUTIFUL

TODAY I AM FOCUSED ON

AFFIRMATIONS

· I CAN
· I AM
· I WILL

I AM GRATEFUL FOR

- -

          HOW I FELT TODAY

| A FEW NOTES |

O HAPPY   O NEUTRAL
O CONTENT   O SAD
O JOYFUL   O ANGRY
O CREATIVE   O ANXIOUS
O LOVING   O DISAPPOINTED
O RELAXED   O STRESSED
O BALANCED   O OVERWHELMED
O _____   O _____

THE BEST PART OF MY DAY WAS

WRITE DOWN SOMETHING

· GOOD
· TRUE
· BEAUTIFUL

/ /20..... S M T W T F S

TODAY I AM FOCUSED ON

AFFIRMATIONS

· I CAN
· I AM
· I WILL

I AM GRATEFUL FOR

- -

HOW I FELT TODAY

A FEW NOTES

O HAPPY   O NEUTRAL
O CONTENT   O SAD
O JOYFUL   O ANGRY
O CREATIVE   O ANXIOUS
O LOVING   O DISAPPOINTED
O RELAXED   O STRESSED
O BALANCED   O OVERWHELMED
O _____   O _____

THE BEST PART OF MY DAY WAS

WRITE DOWN SOMETHING

· GOOD
· TRUE
· BEAUTIFUL

/ / 20..... S M T W T F S

TODAY I AM FOCUSED ON

AFFIRMATIONS

· I CAN
· I AM
· I WILL

I AM GRATEFUL FOR

HOW I FELT TODAY

A FEW NOTES

O HAPPY   O NEUTRAL
O CONTENT   O SAD
O JOYFUL   O ANGRY
O CREATIVE   O ANXIOUS
O LOVING   O DISAPPOINTED
O RELAXED   O STRESSED
O BALANCED   O OVERWHELMED
O _____   O _____

THE BEST PART OF MY DAY WAS

WRITE DOWN SOMETHING

· GOOD
· TRUE
· BEAUTIFUL

/ / 20..... S M T W T F S

TODAY I AM FOCUSED ON

AFFIRMATIONS

· I CAN
· I AM
· I WILL

I AM GRATEFUL FOR

- -

HOW I FELT TODAY

A FEW NOTES

O HAPPY   O NEUTRAL
O CONTENT   O SAD
O JOYFUL   O ANGRY
O CREATIVE   O ANXIOUS
O LOVING   O DISAPPOINTED
O RELAXED   O STRESSED
O BALANCED   O OVERWHELMED
O _____   O _____

THE BEST PART OF MY DAY WAS

WRITE DOWN SOMETHING

· GOOD
· TRUE
· BEAUTIFUL

/ / 20..... S M T W T F S

TODAY I AM FOCUSED ON

AFFIRMATIONS

- · I CAN
- · I AM
- · I WILL

I AM GRATEFUL FOR

- -

 HOW I FELT TODAY

A FEW NOTES

- ○ HAPPY
- ○ CONTENT
- ○ JOYFUL
- ○ CREATIVE
- ○ LOVING
- ○ RELAXED
- ○ BALANCED
- ○ _____

- ○ NEUTRAL
- ○ SAD
- ○ ANGRY
- ○ ANXIOUS
- ○ DISAPPOINTED
- ○ STRESSED
- ○ OVERWHELMED
- ○ _____

THE BEST PART OF MY DAY WAS

WRITE DOWN SOMETHING

- · GOOD
- · TRUE
- · BEAUTIFUL

TODAY I AM FOCUSED ON

AFFIRMATIONS

· I CAN
· I AM
· I WILL

I AM GRATEFUL FOR

- -

          HOW I FELT TODAY   A FEW NOTES

O HAPPY   O NEUTRAL
O CONTENT   O SAD
O JOYFUL   O ANGRY
O CREATIVE   O ANXIOUS
O LOVING   O DISAPPOINTED
O RELAXED   O STRESSED
O BALANCED   O OVERWHELMED
O _____   O _____

THE BEST PART OF MY DAY WAS

WRITE DOWN SOMETHING

· GOOD
· TRUE
· BEAUTIFUL

/ /20..... S M T W T F S

TODAY I AM FOCUSED ON

AFFIRMATIONS

· I CAN
· I AM
· I WILL

I AM GRATEFUL FOR

- -

HOW I FELT TODAY

| A FEW NOTES |

O HAPPY   O NEUTRAL
O CONTENT   O SAD
O JOYFUL   O ANGRY
O CREATIVE   O ANXIOUS
O LOVING   O DISAPPOINTED
O RELAXED   O STRESSED
O BALANCED   O OVERWHELMED
O _____   O _____

THE BEST PART OF MY DAY WAS

WRITE DOWN SOMETHING

· GOOD
· TRUE
· BEAUTIFUL

/ /20..... S M T W T F S

TODAY I AM FOCUSED ON

AFFIRMATIONS

· I CAN
· I AM
· I WILL

I AM GRATEFUL FOR

HOW I FELT TODAY

A FEW NOTES

O HAPPY   O NEUTRAL
O CONTENT   O SAD
O JOYFUL   O ANGRY
O CREATIVE   O ANXIOUS
O LOVING   O DISAPPOINTED
O RELAXED   O STRESSED
O BALANCED   O OVERWHELMED
O _____   O _____

THE BEST PART OF MY DAY WAS

WRITE DOWN SOMETHING

· GOOD
· TRUE
· BEAUTIFUL

/ /20.....   S M T W T F S

 TODAY I AM FOCUSED ON

AFFIRMATIONS

- I CAN
- I AM
- I WILL

I AM GRATEFUL FOR

- -

HOW I FELT TODAY

A FEW NOTES

- HAPPY   O NEUTRAL
- CONTENT   O SAD
- JOYFUL   O ANGRY
- CREATIVE   O ANXIOUS
- LOVING   O DISAPPOINTED
- RELAXED   O STRESSED
- BALANCED   O OVERWHELMED
- _____   O _____

THE BEST PART OF MY DAY WAS

WRITE DOWN SOMETHING

- GOOD
- TRUE
- BEAUTIFUL

/   / 20.....   S M T W T F S

TODAY I AM FOCUSED ON

AFFIRMATIONS

· I CAN
· I AM
· I WILL

I AM GRATEFUL FOR

HOW I FELT TODAY

A FEW NOTES

O HAPPY   O NEUTRAL
O CONTENT   O SAD
O JOYFUL   O ANGRY
O CREATIVE   O ANXIOUS
O LOVING   O DISAPPOINTED
O RELAXED   O STRESSED
O BALANCED   O OVERWHELMED
O _____   O _____

THE BEST PART OF MY DAY WAS

WRITE DOWN SOMETHING

· GOOD
· TRUE
· BEAUTIFUL

/ /20..... S M T W T F S

 TODAY I AM FOCUSED ON

AFFIRMATIONS

· I CAN
· I AM
· I WILL

I AM GRATEFUL FOR

- -

HOW I FELT TODAY

A FEW NOTES

O HAPPY   O NEUTRAL
O CONTENT   O SAD
O JOYFUL   O ANGRY
O CREATIVE   O ANXIOUS
O LOVING   O DISAPPOINTED
O RELAXED   O STRESSED
O BALANCED   O OVERWHELMED
O _____   O _____

THE BEST PART OF MY DAY WAS

WRITE DOWN SOMETHING

· GOOD
· TRUE
· BEAUTIFUL

/ /20..... S M T W T F S

TODAY I AM FOCUSED ON

AFFIRMATIONS

· I CAN
· I AM
· I WILL

I AM GRATEFUL FOR

- -

HOW I FELT TODAY

O HAPPY   O NEUTRAL
O CONTENT   O SAD
O JOYFUL   O ANGRY
O CREATIVE   O ANXIOUS
O LOVING   O DISAPPOINTED
O RELAXED   O STRESSED
O BALANCED   O OVERWHELMED
O _____   O _____

A FEW NOTES

THE BEST PART OF MY DAY WAS

WRITE DOWN SOMETHING

· GOOD
· TRUE
· BEAUTIFUL

/ /20.....   S M T W T F S

TODAY I AM FOCUSED ON

AFFIRMATIONS

- I CAN
- I AM
- I WILL

I AM GRATEFUL FOR

- -

HOW I FELT TODAY

| A FEW NOTES |

O HAPPY   O NEUTRAL
O CONTENT   O SAD
O JOYFUL   O ANGRY
O CREATIVE   O ANXIOUS
O LOVING   O DISAPPOINTED
O RELAXED   O STRESSED
O BALANCED   O OVERWHELMED
O _____   O _____

THE BEST PART OF MY DAY WAS

WRITE DOWN SOMETHING

- GOOD
- TRUE
- BEAUTIFUL

/ / 20..... S M T W T F S

 TODAY I AM FOCUSED ON

AFFIRMATIONS

· I CAN
· I AM
· I WILL

I AM GRATEFUL FOR

HOW I FELT TODAY

A FEW NOTES

O HAPPY   O NEUTRAL
O CONTENT   O SAD
O JOYFUL   O ANGRY
O CREATIVE   O ANXIOUS
O LOVING   O DISAPPOINTED
O RELAXED   O STRESSED
O BALANCED   O OVERWHELMED
O _____   O _____

THE BEST PART OF MY DAY WAS

WRITE DOWN SOMETHING

· GOOD
· TRUE
· BEAUTIFUL

/ / 20..... S M T W T F S

 TODAY I AM FOCUSED ON

AFFIRMATIONS

· I CAN
· I AM
· I WILL

I AM GRATEFUL FOR

- -

HOW I FELT TODAY

| A FEW NOTES |

○ HAPPY   ○ NEUTRAL
○ CONTENT   ○ SAD
○ JOYFUL   ○ ANGRY
○ CREATIVE   ○ ANXIOUS
○ LOVING   ○ DISAPPOINTED
○ RELAXED   ○ STRESSED
○ BALANCED   ○ OVERWHELMED
○ _____   ○ _____

THE BEST PART OF MY DAY WAS

WRITE DOWN SOMETHING

· GOOD
· TRUE
· BEAUTIFUL

WILDERTHOUGHTS.COM

45358140R00061

Made in the USA
Lexington, KY
18 July 2019